Les chocolats
et petites bouchées
de Christophe

Leçon de pâtisserie N° 2

Du même auteur aux éditions Minerva :

Les clafoutis de Christophe
Les gratins de Christophe
Glaces et desserts glacés avec Pierre Paillon
Mes 100 recettes de gâteaux
Le chocolat de Christophe
Les gâteaux de l'Avent de Christophe

Conception graphique :

Connectez-vous sur :
www.lamartiniere.fr

© 2005 Éditions Minerva, Genève (Suisse)
ISBN : 2-8307-0836-9

Christophe Felder

Les chocolats et petites bouchées de Christophe

Leçon de pâtisserie N° 2

Photographies de Carmen Barea

Stylisme de Stéphanie Champalle

Minerva

Les adresses
de Christophe

Les ustensiles de « pro »

Mora
13, rue Montmartre – 75001 Paris
Tél. 01 45 08 19 24

G. Detout
58, rue Tiquetonne – 75002 Paris
Tél. 01 42 36 54 67

Sté Michel Lejeune
3, rue Bernard-Palissy – 92600 Asnières
Tél. 01 47 90 51 93
Possibilité de vente par correspondance

Les produits rares et épices du monde entier

Epicerie du Monde Izraël
30, rue François Miron – 75004 Paris
Tél. 01 42 72 66 23

La Grande Epicerie du Bon Marché de Paris
38, rue de Sèvres – 75007 Paris
Tél. 01 44 39 81 00

Les thés

Betjeman and Barton
23, bd Malesherbes – 75008 Paris
Vente par correspondance au 01 34 75 01 13

Tous les moules et sujets originaux

Rougier et Plé - Loisirs créatifs
13-15, bd des Filles-du-Calvaire – 75003 Paris
Tél. 01 42 72 82 91
Catalogue et vente par correspondance au 01 44 54 81 00

Mon site Internet

www.christophe-felder.com

Mon e-mail

christophefelder@wanadoo.fr

Stylisme

**Stéphanie Champalle
remercie chaleureusement :**

Le Grand Comptoir
4, rue Pagès - 92150 Suresnes
Tel. 01 42 04 11 00
et
116, rue du Bac - 75007 Paris
Tel. 01 40 49 00 95

Casa
92, rue Saint-Lazare - 75009 Paris
Tel. 01 44 91 94 01

Natalia Franquet
15, rue Crébillon - 44000 Nantes
Tel. 02 40 69 43 45

Côté Maison
Village de Bercy
44, cour Saint-Émilion - 75012 Paris
Tel. 01 43 44 12 12

N'omades
21, avenue Daumesnil - 75012 Paris
Tel. 01 43 46 26 26

Siècle
24, rue du Bac - 75007 Paris
Tel. 01 47 03 48 03

La Vaisselerie
332, rue Saint-Honoré -75001 Paris
Tel. 01 42 60 64 50
et
85, rue de Rennes - 75006 Paris
Tel. 01 42 22 62 49

Deshoulières
101, rue du Bac - 75007 Paris
Tel. 01 53 63 01 71

Pour la finition de certaines de ces bouchées, et pour obtenir un meilleur résultat, vous allez avoir besoin de travailler le chocolat d'une certaine façon afin qu'il devienne brillant et croquant.

Suivez ces indications et vous obtiendrez des recettes encore plus gourmandes !

Cassez le chocolat en morceaux dans un récipient (sachez que le chocolat qu'utilisent les professionnels contient un peu plus de beurre de cacao, il est donc un peu plus liquide, il s'appelle le chocolat de couverture, on en trouve peu dans le commerce). Faites-le fondre au bain-marie. Mélangez jusqu'à obtention d'une texture lisse.

Vérifiez la température avec un thermomètre de cuisson : 55 °C pour le chocolat noir, 50 °C pour le chocolat au lait et 45 °C pour le chocolat blanc.

Versez les trois quarts du chocolat fondu sur une plaque en marbre ou sur une surface froide et sèche. Travaillez-le à la spatule, jusqu'à ce qu'il revienne à 28 à 29 °C.

Reversez-le dans une autre jatte tempérée. Ajoutez peu à peu le quart restant de chocolat chaud. Remuez en surveillant la température qui doit être 31 à 32 °C pour le chocolat noir, et de 29 à 30 °C pour le lait et le blanc. Lorsque cette température est atteinte, ne versez plus de chocolat chaud.

Maintenez impérativement ces températures en vérifiant avec le thermomètre. Le chocolat peut être éventuellement réchauffé, de préférence au micro-ondes.

Sinon pour les gâteaux, utilisez le chocolat comme d'habitude, en le faisant fondre seul ou avec un peu d'eau :
Aïe-aïe-aïe, les habitudes quand elles nous tiennent...
Mais si le résultat est là...on continue !

Christophe Felder

Les chocolats et petites bouchées de Christophe

Equivalence thermostat/température

Thermostat 1 = 50 °C	Thermostat 6 = 180-200 °C
Thermostat 2 = 60-80 °C	Thermostat 7 − 210-230 °C
Thermostat 3 = 90-110 °C	Thermostat 8 = 240-260 °C
Thermostat 4 = 120-140°C	Thermostat 9 = 270-290 °C
Thermostat 5 = 150-170 °C	Thermostat 10 = 300 °C

Leçon n°1 — Fèves cacao

Préchauffez votre four à 180 °C.

Préparez vos ingrédients (1).

Dans un récipient, mélangez ensemble les amandes et le sirop de sucre de canne (2 et 3).

Versez cette préparation sur une plaque et enfournez durant 15 minutes afin de faire torréfier les amandes (4).

A la sortie du four, laissez bien refroidir les amandes avant de continuer la recette.

Faites fondre le chocolat au lait au bain-marie ou au micro-ondes.

Remplissez un grand récipient de glaçons que vous couvrez de film alimentaire pour éviter les éclaboussures.

Versez les amandes dans un récipient plus petit que celui qui contient les glaçons, et posez-le sur les glaçons.

Ajoutez un tiers du chocolat au lait dans les amandes (5) et mélangez énergiquement (6) en alternant un moment sur la glace et sur le plan de travail, afin que les amandes se détachent les unes des autres.

Continuez ainsi avec le reste du chocolat en plusieurs fois.

Cette opération a pour but de permettre l'enrobage régulier des amandes, il est important de retirer le bol du froid, car sinon le chocolat figerait trop vite (7, 8 et 9)...

Ingrédients

Temps de préparation : 25 minutes

Temps de cuisson : 15 minutes

200 g d'amandes mondées

2 cuillères à soupe de sirop de sucre de canne

200 g de chocolat au lait

2 pincées de sel fin

Pour l'enrobage

100 g de sucre glace

25 g de cacao en poudre non sucré

1 Préparez vos ingrédients.

2 Disposez les amandes dans un récipient, ajoutez-y le sirop de sucre de canne.

3 Mélangez à la main de manière à bien enrober les amandes puis déposez-les sur une plaque de cuisson et enfournez.

4 Voici la cuisson souhaitée des amandes.

5 Remplissez un récipient de glaçons. Placez sur celui-ci un récipient plus petit contenant les amandes caramélisées et versez-y une partie du chocolat au lait fondu.

6 Mélangez vivement de haut en bas à l'aide d'une cuillère en bois.

7 Il faut que les amandes soient couvertes d'une couche de chocolat.

8 Ajoutez progressivement le reste de chocolat au lait.

9 Puis continuez de mélanger en alternance sur la glace et sur le plan de travail.

(...)

Fèves cacao

Lorsque les amandes sont bien enrobées, ajoutez les deux pincées de sel et remuez (10).

Tamisez le sucre glace avec le cacao en poudre dans un récipient (11), mélangez à l'aide d'un fouet (12) avant d'y verser les amandes enrobées de chocolat (13).
Vous pouvez remuer avec une spatule (14), mais le meilleur moyen reste de faire « sauter » les amandes afin d'éviter d'abîmer l'enrobage (15).

Conservez ces amandes dans une boîte hermétique et dégustez-les au moment du café par exemple !

Astuce : vous pouvez remplacer le sirop de sucre de canne par un sirop de sucre maison composé de 50 g d'eau bouillie et de 60 g de sucre semoule.

10 Ajoutez les 2 pincées de sel et mélangez.

11 Dans un récipient, tamisez le sucre glace et le cacao en poudre.

12 Mélangez les 2 poudres tamisées à l'aide d'un fouet.

13 Ajoutez les amandes enrobées.

14 Mélangez avec une spatule pour envelopper les amandes de sucre chocolaté.

15 Pour l'enrobage sucré, vous pouvez aussi faire « sauter » les amandes en les secouant dans un grand récipient.

Mousse au chocolat toute simple

Préparez vos ingrédients (1).

Versez la crème dans une casserole puis portez-la à ébullition. Pendant ce temps, hachez votre chocolat et placez-le dans un récipient (2).

Lorsque le liquide est chaud, versez-le sur le chocolat haché (3). Laissez le chocolat fondre quelques instants avant de mélanger à l'aide d'un fouet (4). Vous devez obtenir une texture bien lisse et brillante (5).

Versez les blancs d'œufs dans un récipient, ajoutez-y la pincée de sel et montez-les au fouet.

Lorsqu'ils commencent à être en neige, ajoutez peu à peu le sucre semoule (6). Prenez soin de ne pas trop monter les blancs.

Incorporez les deux jaunes d'œufs dans la ganache (7).

Versez le chocolat sur les blancs d'œufs en neige et mélangez de bas en haut avec une spatule en caoutchouc (8).

Les blancs doivent être bien incorporés (9).

En vous aidant d'une poche à douille (ou tout simplement à l'aide d'une cuillère), garnissez les petits verres de cette mousse (10).

Mettez-les au réfrigérateur pendant au moins une heure avant de les déguster.

Astuce : vous pouvez verser de la sauce caramel toute faite sur les mousses, et même pourquoi pas quelques graines de coriandre concassées pour varier les plaisirs et les saveurs.

Ingrédients

Pour 12 petits verres

Temps de préparation : 15 minutes

Temps de prise : 1 heure minimum

10 cl de crème liquide

250 g de chocolat noir entre 60 et 70 %
de cacao

6 blancs d'œufs

1 pincée de sel

40 g de sucre semoule

2 jaunes d'œufs

1 Préparez vos ingrédients.

2 Faites chauffer votre crème et hachez votre chocolat.

3 Versez le liquide bouillant sur votre chocolat et laissez fondre.

4 Mélangez le tout à l'aide d'un fouet pour obtenir une ganache.

5 Le mélange doit être lisse et brillant.

6 Commencez à monter les blancs d'œufs puis ajoutez-y peu à peu le sucre semoule.

7 Versez les 2 jaunes d'œufs dans la ganache.

8 Mélangez ensemble les blancs montés et le chocolat à l'aide d'une spatule en caoutchouc.

9 La mousse doit être bien homogène.

10 En vous aidant d'une poche, remplissez des petits verres de mousse au chocolat.

Leçon n°3 | Carré florentin

Préchauffez votre four à 180 °C.

Réunissez dans une casserole le miel, le beurre, le sucre ainsi que les zestes d'agrumes râpés (1). Faites fondre à feu doux (2). Puis portez à ébullition.

Retirez la casserole du feu, à ce moment incorporez les amandes effilées (3), les dés de fruits confits et les cacahuètes (4).

Mélangez avec une cuillère en bois.

Versez cette préparation sur une plaque couverte de papier cuisson en prenant soin de bien répartir l'ensemble (5).

Enfournez une quinzaine de minutes jusqu'à obtention d'une teinte blonde régulière (6).

Lorsque le florentin est cuit, parsemez-le de quelques grains de fleur de sel puis faites glisser la feuille de cuisson sur une planche à découper (7).

Attendez quelques instants, puis, à l'aide d'un bon couteau, découpez des carrés de 5 cm de côté (8). Si les florentins durcissent trop vite, vous pouvez les réchauffer légèrement au four.

Laissez refroidir complètement avant d'entreprendre la finition.

Pour la finition

Disposez les florentins sur une grille posée sur une feuille.

À l'aide d'une spatule, réalisez des traits de chocolat noir sur le dessus des florentins.

Patientez avant de les déguster : il faut que le chocolat soit complètement figé.

Ingrédients

Temps de préparation : 20 minutes

Temps de cuisson : 15 minutes

60 g de miel

60 g de beurre

60 g de sucre semoule

le zeste râpé d'1/2 orange

le zeste râpé d'1/2 citron

60 g d'amandes effilées

20 g de dés de citrons confits

20 g de dés d'oranges confites

40 g de cacahuètes salées hachées grossièrement

1 pincée de fleur de sel

Pour la finition
100 g de chocolat noir tempéré (voir p. 5) entre 60 et 70 % de cacao

1 Dans une casserole, versez le miel et le sucre ; zestez dessus les agrumes : orange et citron.

2 Faites chauffer à feu doux jusqu'à ce que le sucre soit bien dissout. Portez maintenant à ébullition.

3 Hors du feu, ajoutez les amandes effilées et mélangez.

4 Incorporez maintenant les autres ingrédients : orange et citron confits en dés, et cacahuètes.

5 Versez cette préparation sur une plaque couverte de papier sulfurisé et répartissez-la à l'aide d'une spatule en fer. Enfournez 15 min à 180° C.

6 Voici la teinte souhaitée

7 A la sortie du four, saupoudrez la fleur de sel et laissez refroidir quelques instants avant de glisser le florentin sur une planche à découper.

8 Découpez des carrés de 5 cm de côté.

9 Lorsque les florentins sont froids, réalisez des traits de chocolat noir à l'aide d'une spatule.

Leçon n°4 — Mendiants pistaches

Préchauffez votre four à 180 °C.

Dans un petit récipient, mélangez ensemble les pistaches et le blanc d'œuf (1) puis ajoutez le sucre semoule (2). Vous devez obtenir une texture sableuse (3).

Transvasez les pistaches enrobées de sucre sur une plaque couverte de papier cuisson et laissez sécher au four durant 5 à 8 minutes environ (4 et 5).

Sortez les pistaches du four et laissez-les bien refroidir.

Recouvrez une partie de votre plan de travail avec du papier film en prenant soin de le tendre parfaitement.

À l'aide d'une cuillère à soupe, réalisez des petites langues de chocolat noir (6).

Disposez joliment quatre pistaches sur chaque palet (7).

Laissez figer quelques heures avant de croquer ces chocolats.

Ingrédients

Temps de préparation : 20 minutes

Temps de cuisson : 5 à 8 minutes

70 g de pistaches brutes

1 cuillère à café de blanc d'œuf

35 g de sucre semoule

150 g de chocolat noir tempéré (voir p. 5) entre 60 et 70 % de cacao

1   Mélangez ensemble le blanc d'œuf et les pistaches.

2   Ajoutez ensuite le sucre semoule

3   Malaxez du bout des doigts ; les pistaches doivent être bien enrobées de sucre.

4   Versez les pistaches sucrées sur une plaque de cuisson recouverte de papier sulfurisé et enfournez 5 à 8 min à 180° C.

5   Au toucher, les pistaches sont bien sèches et sableuses sur l'extérieur. Laissez-les refroidir avant de poursuivre.

6   Filmez une partie de votre plan de travail. Avec une cuillère à soupe, réalisez des petites langues de chocolat noir sur le film.

7   Disposez ensuite 4 pistaches sur chaque palet en les enfonçant légèrement. Laissez figer.

Leçon n°5 | Rectangles céréales

Préparez vos ingrédients.

Découpez les abricots secs en petits cubes (1).

Préparez votre moule en le tapissant de film alimentaire, en le laissant dépasser légèrement sur les bords (2).

Préparez votre chocolat tempéré (voir p. 5).

Mettez les deux variétés de pétales de maïs dans un récipient ; ajoutez la cassonade et les abricots secs coupés en dés.

Versez sur ce mélange le chocolat tempéré ainsi que le beurre fondu froid (3) puis mélangez le tout à l'aide d'une spatule.

Prenez soin de ne pas trop écraser les pétales en mélangeant (4).

Lorsque la masse est homogène (5), versez cette préparation dans votre moule filmé (6).

Lissez avec votre cuillère en bois (7), puis couvrez la préparation avec du film alimentaire et aplatissez à l'aide d'une boîte de conserve (8).

Laissez reposer durant 20 minutes dans une pièce un peu fraîche.

Entreposez le gâteau pendant cinq minutes au réfrigérateur avant de le démouler.

À l'aide d'un couteau à pain (avec des dents), découpez-le en rectangles (9).

Coupez le papier aluminium en rectangles : ces feuilles vous serviront à emballer chaque chocolat et faciliteront la dégustation (10).

Astuce : vous pouvez réaliser ces gâteaux avec des céréales différentes — comme du riz soufflé par exemple —, varier les fruits secs et utiliser du chocolat au lait ou du chocolat blanc.

Ingrédients

Temps de préparation : 20 minutes

Temps de prise : 20 minutes

80 g d'abricots secs

300 g de chocolat noir tempéré (voir p. 5) entre 60 et 70 % de cacao

100 g de pétales de maïs non sucré

50 g de pétales de maïs sucré

25 g de cassonade

20 g de beurre fondu froid

+ du papier aluminium

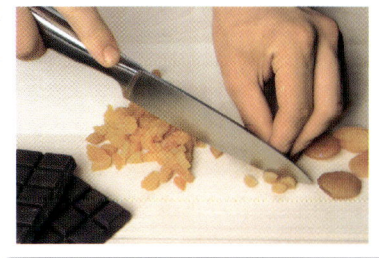

1 Découpez les abricots secs en dés.

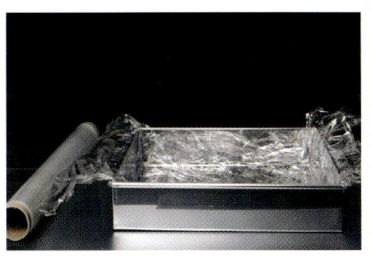

2 Tapissez votre moule de film alimentaire en le faisant dépasser légèrement sur les bords.

3 Mettez ensemble dans un récipient les 2 variétés de pétales de maïs, la cassonade et les dés d'abricots. Ajoutez le chocolat noir fondu et le beurre fondu froid.

4 Mélangez la masse délicatement de haut en bas à l'aide d'une spatule en bois.

5 Il faut que les pétales soient complètement enrobés de chocolat.

6 Débarrassez ce mélange dans le moule filmé.

7 Lissez à l'aide de votre spatule et couvrez avec le film alimentaire.

8 En vous aidant d'une petite boîte de conserve, lissez et tassez l'ensemble. Laissez figer.

9 Démoulez et ôtez le film. Découpez des rectangles à l'aide d'un couteau scie.

10 Découpez des petits rectangles de papier aluminium avec lesquels vous emballez joliment chaque gâteau.

Leçon n°6 Ganache rhum raisins

Préparez vos ingrédients (1)

Dans une petite casserole, chauffez légèrement le rhum et versez-le sur les raisins (2). Laissez macérer 1 heure.

Lorsque les raisins ont macéré, préparez la ganache.

Hachez finement le chocolat au lait.

Dans une casserole, portez la crème à ébullition.

Lorsque le liquide bout, versez-le en plusieurs fois sur le chocolat haché (3). La ganache doit être lisse et homogène (4).

Egouttez les raisins et hachez-les grossièrement (5) avant de les incorporer à la ganache (6). Pensez à conserver le rhum qui a servi à la macération.

Finissez le mélange en incorporant le rhum.

Dans un récipient à fond plat tapissé de film alimentaire, versez la ganache (7). Placez votre moule au réfrigérateur durant une heure minimum.

Ingrédients

Temps de préparation : 20 minutes

Temps de macération : 1 heure

Temps de prise : 1 heure minimum

6 cl de rhum brun

80 g de raisins blonds

400 g de chocolat au lait

12 cl de crème liquide

Pour la finition

100 g de chocolat noir entre 60 et 70 % de cacao

2 cuillères à soupe de cacao en poudre

1   Préparez vos ingrédients.

2   Faites chauffer légèrement le rhum puis versez-le sur les raisins.

3   Après avoir haché le chocolat, faites bouillir la crème et versez-la sur le chocolat.

4   Mélangez doucement à l'aide d'une cuillère en bois de manière à obtenir une texture lisse.

5   Egouttez les raisins puis hachez-les.

6   Incorporez les raisins hachés à la ganache ainsi que le restant de rhum.

7   Filmez un moule à fond plat et garnissez-le de ganache. Laissez durcir.

(. . .)

Ganache rhum raisins

Pour la finition

Faites fondre les 100 g de chocolat noir au bain-marie. Réservez.

Lorsque la ganache est prise, sortez-la du réfrigérateur.

Ôtez le film qui l'enveloppe et disposez-la sur votre plan de travail.

Versez l'équivalent de trois cuillères à soupe de chocolat fondu sur la ganache (8) que vous étalez à l'aide d'une spatule en Inox (9).

Laissez prendre, et couvrez de cacao en poudre (10) avant de retourner la ganache et de recommencer l'opération sur l'autre face (11).

Laissez légèrement figer le chocolat noir avant de découper la ganache à la forme voulue (12).

Conseil : vous pouvez également flamber les raisins au rhum et ajouter une pincée de cannelle en poudre.

Astuce : à moins d'avoir une pièce climatisée, conservez ces chocolats dans une boîte hermétique au réfrigérateur...

8   Démoulez la ganache sur votre plan de travail et versez dessus le chocolat noir fondu.

9   Etalez le chocolat en vous aidant d'une spatule en métal.

10   Appliquez au pinceau une fine couche de cacao en poudre puis retournez la ganache.

11   Etalez de nouveau une fine couche de chocolat fondu.

12   Découpez la ganache à la forme souhaitée.

Leçon n°7 Ganache earl grey

Préparez vos ingrédients (1).
Dans une casserole, portez la crème liquide à ébullition (2).
Lorsque le liquide bout, ajoutez le thé et laissez-le infuser durant 5 minutes .
Pendant ce temps, hachez le chocolat au lait et versez-le dans un récipient.
À l'aide d'une passoire fine, filtrez la crème infusée directement sur le chocolat haché (3). Laissez fondre le chocolat puis mélangez à l'aide d'une cuillère en bois (4).

Lorsque vous aurez obtenu une texture bien lisse et homogène, ajoutez le beurre coupé en morceaux et finissez de mélanger (5).
Tapissez de film alimentaire un récipient que vous remplissez de ganache (6).
Laissez figer durant 1 heure au réfrigérateur avant de poursuivre la recette...

Ingrédients

Temps de préparation : 25 minutes

Temps d'infusion : 5 minutes

Temps de prise : 1 heure

15 cl de crème liquide

1 cuillère à soupe bombée de thé earl grey

400 g de chocolat au lait

60 g de beurre en morceaux

100 g de chocolat noir fondu pour la finition

2 cuillères à soupe de cacao en poudre

1   Préparez vos ingrédients.

2   Portez la crème à ébullition puis faites-y infuser le thé durant 5 min.

3   Filtrez le liquide infusé sur le chocolat haché.

4   Mélangez à l'aide d'une cuillère en bois.

5   Lorsque la ganache est bien lisse, incorporez le beurre en morceaux et finissez le mélange.

6   Après avoir filmé un moule, garnissez-le de ganache. Laissez durcir au froid.

(. . .)

Ganache earl grey

Lorsque la ganache est bien prise, démoulez-la sur votre plan de travail.

Versez deux cuillères à soupe de chocolat fondu (7) que vous étalez avec une spatule en métal (8).

Laissez le chocolat prendre durant 2 minutes, puis saupoudrez-le de cacao en poudre à l'aide d'une petite passoire (9).

Retournez la ganache sur une feuille de papier sulfurisé et recommencez l'opération précédente (10 et 11).

Laissez le chocolat figer légèrement puis coupez la ganache à la forme souhaitée (12).

Astuce : à moins d'avoir une pièce climatisée, conservez ces chocolats dans une boîte hermétique au réfrigérateur.

7 Sur la ganache démoulée, versez 2 cuillères à soupe de chocolat fondu.

8 Lissez le chocolat à l'aide d'une spatule en Inox.

9 Saupoudrez de cacao en poudre avant de retourner la ganache.

10 Appliquez de nouveau une couche de chocolat.

11 L'épaisseur doit être régulière.

12 Découpez la ganache selon les formes souhaitées.

Leçon n°8 — Sucettes chocolat à l'anis

Préparez tous vos ingrédients (1).

Hachez finement le chocolat, réservez.
Dans une casserole à fond épais, versez le miel liquide (2) et portez-le à ébullition (3) avant d'ajouter le sucre (4).

Lorsque le mélange arrive à ébullition, laissez cuire durant 4 minutes environ.

Pour vérifier la cuisson, versez quelques gouttes de caramel dans un bol rempli d'eau froide et de glaçons (5).

Le caramel doit être assez cassant (6)...

Ingrédients

Pour 8 sucettes

Temps de préparation : 20 minutes

Temps de cuisson : 4 minutes

50 g de chocolat noir entre 60 et 70 % de cacao

120 g de miel

120 g de sucre semoule

1/2 citron

15 g de beurre

4 bâtons de réglisse (ou tout simplement des piques à brochette)

quelques pincées d'anis en grains

Préparez vos ingrédients : sucre, miel, chocolat, citron, réglisse, beurre et anis.

2 Versez le miel dans une casserole à fond épais.

3 Portez le miel à ébullition.

4 Dès qu'il bout, ajoutez le sucre.

5 Testez la cuisson du caramel en versant une cuillère de caramel dans de l'eau glacée.

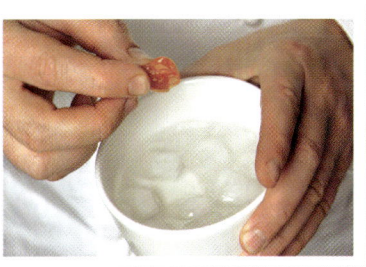

6 Le caramel doit être cassant.

(...)

Leçon n°8 Sucette chocolat à l'anis

A la fin de la cuisson, incorporez 8 gouttes de jus de citron (7) puis le chocolat préalablement haché, et enfin le beurre (8). Mélangez le tout à l'aide d'une cuillère en bois (9).

Lorsque tous les ingrédients sont bien incorporés, formez des disques de caramel à l'aide d'une cuillère à soupe sur une feuille de papier sulfurisé (ou sur une surface anti-adhésive) (10), en prenant soin de bien les espacer, car il faut appliquer un bâton de réglisse ou un pique en bois dans chaque sucette (11). Posez un bâton coupé en deux sur chaque sucette et parsemez quelques graines d'anis (12 et 13) .

Laissez bien refroidir avant de les décoller (14).

Astuce : rien ne vous empêche de réaliser plus de sucettes et de les emballer individuellement à l'aide de papier cellophane, ce qui facilitera la conservation.

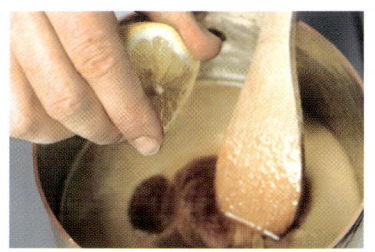

7   Lorsque le caramel est cuit, ôtez la casserole du feu et ajoutez 8 gouttes de jus de citron.

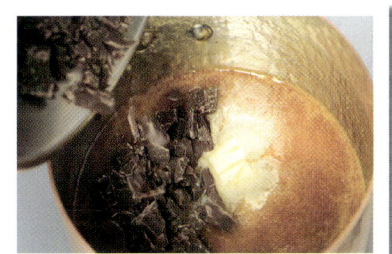

8   Finissez en incorporant le chocolat haché et le beurre.

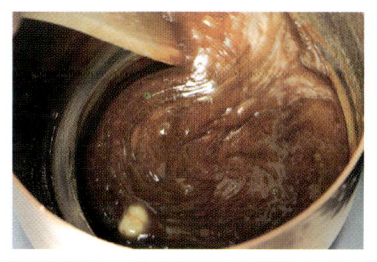

9   Mélangez jusqu'à ce que la masse devienne homogène.

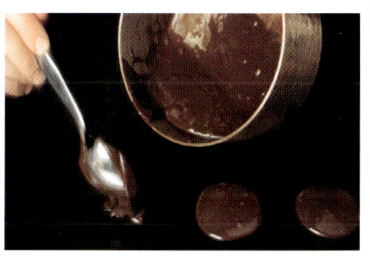

10   A l'aide d'une cuillère, réalisez des disques de caramel sur une surface anti-adhésive ou sur une feuille de papier sulfurisé en espaçant chaque sucette de quelques centimètres.

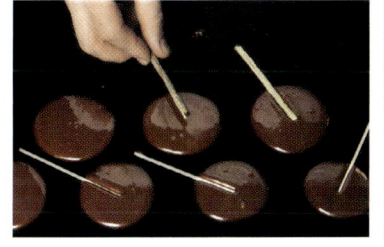

11   Posez les bâtons de réglisse ou les piques en bois coupés en deux dans le sens de la longueur.

12   Parsemez d'anis.

13   Assurez-vous de bien enfoncer les bâtons de réglisse dans les sucettes.

14   Laissez refroidir les sucettes avant de les décoller.

Leçon n°9 # Marzipan citron

Préparez vos ingrédients (1).
Travaillez la pâte d'amandes à la main afin de la rendre plus lisse et plus homogène, puis découpez-la en petits morceaux (2). Réservez.

Sur une planche à découper, fendez la gousse de vanille en deux et grattez-en les graines avec la pointe d'un petit couteau.

A l'aide d'une petite râpe, prélevez les zestes du citron (3) et pressez le jus du fruit.

Disposez les morceaux de pâte d'amandes dans un récipient, ajoutez-y les graines de vanille, les zestes râpés et le jus de citron (4).

Commencez à mélanger avec une cuillère en bois pour avoir une pâte d'amandes bien homogène. Vous pouvez aussi bien faire ce mélange à la main.

Sur votre plan de travail saupoudré légèrement de sucre glace (5) réalisez un boudin de pâte bien régulier (6)...

Ingrédients

Temps de préparation : 25 minutes

Temps de repos : 2 heures

300 g de pâte d'amandes blanche

1 gousse de vanille

le zeste fin d'1 citron

30 g de jus de citron

+ du sucre glace pour le plan de travail

Pour l'enrobage et la finition

150 g de chocolat blanc

100 g de sucre glace

1   Préparez vos ingrédients.

2   Après avoir travaillé la pâte d'amandes, coupez-la en petits morceaux.

3   A l'aide d'une petite râpe, prélevez le zeste du citron puis hachez-le finement.

4   Dans un récipient, disposez les morceaux de pâte d'amandes, les graines de vanille, le zeste et le jus de citron. Mélangez.

5   Lorsque la pâte est homogène, sortez-la du récipient et travaillez-la sur votre plan de travail saupoudré de sucre glace.

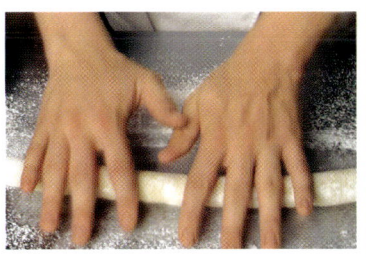

6   Réalisez un long boudin de pâte de 2 cm de diamètre.

(...)

Leçon n°9   Marzipan citron

Ensuite, découpez-le en morceaux de 1,5 cm environ (7).

Roulez chaque morceau entre vos mains pour former des boulettes (8 et 9). Disposez-les sur un plat que vous entreposez pendant 2 heures au congélateur. Elles durcissent et seront plus faciles à travailler par la suite.

Pendant ce temps, faites fondre le chocolat blanc — prenez garde à ne pas trop le chauffer, car c'est un chocolat qui est beaucoup plus sensible que le chocolat noir (parce qu'il contient de la poudre de lait).

Tamisez le sucre glace dans un récipient.

Sortez les pâtes d'amandes du congélateur.

Prélevez un peu de chocolat blanc que vous étalerez directement sur la paume de votre main (10).

Ensuite, il s'agit tout simplement de faire rouler chaque boule entre vos mains afin des les enrober de chocolat blanc (11).

Faites-les maintenant rouler dans le sucre glace tamisé (12).

Puis passez-les sur un petit tamis afin de faire tomber l'excédent de sucre (13).

Laissez figer 10 minutes avant de les déguster avec un thé au citron.

Astuce : si la pâte d'amandes est un peu sèche, vous pouvez ajouter quelques gouttes de citron froid afin de faciliter le travail.

7 Découpez le rouleau de pâte en segments de 1,5 cm.

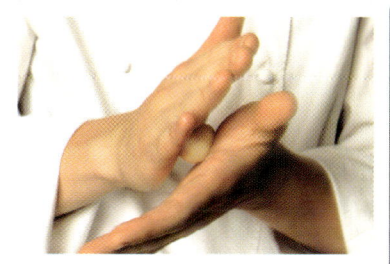

8 Roulez chaque morceau entre vos mains de manière à former des petites boules.

9 Voici la taille souhaitée. Placez-les au congélateur durant 2 heures.

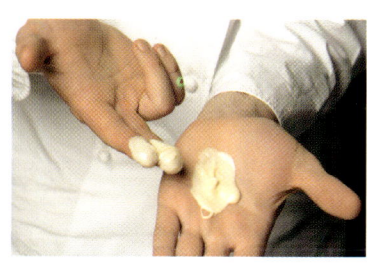

10 Appliquez une petite quantité de chocolat blanc fondu sur la paume de votre main.

11 Faites rouler chaque pâte d'amandes congelée dans vos mains afin de les enrober de chocolat.

12 Une fois enrobées, passez les boules de pâte d'amandes dans du sucre glace tamisé.

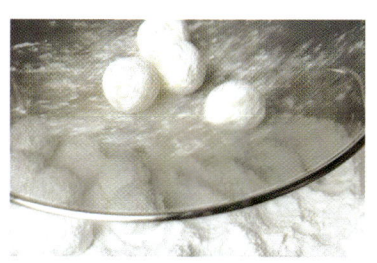

13 Et pour finir, mettez-les sur un tamis ou une passoire fine pour ôter l'excédent de sucre glace.

Leçon n°10 | # Truffes au café

Préparez tous vos ingrédients (1).

Versez les grains de café dans un torchon, puis à l'aide d'un rouleau à pâtis-serie, écrasez-les (2). Réservez.

Versez la crème liquide, l'eau ainsi que le sucre dans une casserole et portez à ébullition.

Lorsque le liquide bout, ajoutez-y le café concassé (3) et laissez-le infuser environ 5 minutes (4).

Pendant ce temps, hachez le chocolat et dispo-sez-le dans un récipient en Inox.

Lorsque le liquide est infusé, filtrez-le direc-tement sur le chocolat haché (5, 6 et 7)...

Ingrédients

Temps de préparation : 20 minutes

Temps d'infusion : environ 5 minutes

Temps de congélation : 2 heures

60 g de grains de café entiers

25 cl de crème liquide

4 cuillères à soupe d'eau

40 g de sucre semoule

300 g de chocolat noir à 70 % de cacao

40 g de beurre

Pour la finition

200 g de chocolat noir entre 60 et 70 % de cacao

200 g de cacao en poudre non sucré

1 Préparez vos ingrédients : crème liquide, eau, grains de café, beurre, sucre et chocolat.

2 Enfermez les grains de café dans un torchon sur votre plan de travail. Concassez-les à l'aide d'un rouleau à pâtisserie.

3 Portez la crème liquide, l'eau et le sucre à ébullition puis ajoutez-y les grains de café concassés.

4 Laissez infuser environ 5 minutes.

5 Filtrez la moitié du liquide infusé directement sur le chocolat haché.

6 Mélangez doucement à l'aide d'un fouet.

7 Finissez de filtrer le liquide infusé sur le chocolat.

(…)

Truffes au café

Laissez le chocolat fondre pendant 5 minutes avant de commencer à mélanger avec une cuillère en bois (8).

Lorsque le chocolat est dissout, ajoutez le beurre en petits morceaux puis finissez de mélanger (9).

Dans un moule rectangulaire tapissé de film alimentaire (10), versez la ganache. Recouvrez-la de film (11).

Placez ce moule au congélateur durant 2 heures.

Pour la finition

Faites fondre les 200 g de chocolat noir prévu pour la finition au bain-marie. Réservez.

Versez le cacao en poudre dans un récipient.

Sortez la ganache du congélateur, découpez-la en petits rectangles (12) (1 cm sur 2,5 cm).

Replacez ces truffes au congélateur avant de les enrober.

Pour l'enrobage, il suffit de badigeonner vos mains avec du chocolat fondu (13), d'y faire tourner une truffe afin de l'envelopper d'une fine couche de chocolat noir (14). Ensuite, roulez chaque truffe dans le cacao en poudre (15).

Sortez les truffes du cacao à l'aide d'une petite passoire afin d'ôter l'excédent de chocolat.

8 Remuez de manière à faire fondre l'intégralité du chocolat.

9 Incorporez le beurre.

10 Dans un plat filmé, versez la ganache.

11 Recouvrez de papier film pour éviter la formation d'une peau sur la ganache. Placez au congélateur pendant 2 heures.

12 Coupez la ganache en rectangles.

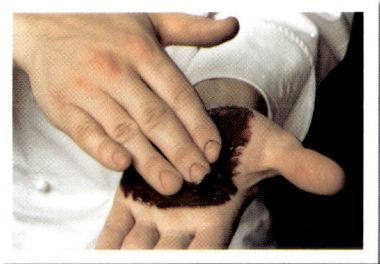

13 Appliquez du chocolat noir fondu sur la paume de la main.

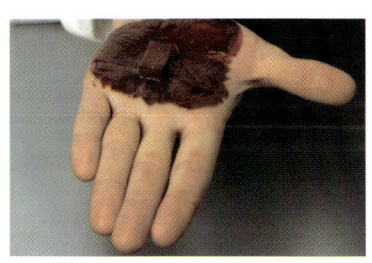

14 Disposez un rectangle de ganache sur le chocolat fondu et faites-le rouler entre vos mains.

15 Après avoir enrobé les truffes de chocolat, passez-les dans le cacao en poudre.

Leçon n°11 — Papillon caramel chocolat

Préparez vos ingrédients (1).

Hachez finement le chocolat.

Dans une casserole à fond épais (ou mieux en cuivre), versez la crème et le chocolat, puis ajoutez-y le miel liquide (2) et le sucre semoule (3). Mélangez (4) et faites fondre afin de rendre l'ensemble homogène (5).
Portez le tout à ébullition (6) sur feu moyen et laissez cuire durant une dizaine de minutes environ.

Remplissez un petit récipient avec de l'eau froide et quelques glaçons : cela vous permettra de vérifier la cuisson...

Ingrédients

Temps de préparation : 30 minutes

Temps de cuisson : environ 10 minutes

125 g de chocolat noir entre 50 et 60 % de cacao

20 cl de crème liquide

3 cuillères à soupe de miel de fleurs

200 g de sucre semoule

1 pincée de fleur de sel

du papier cellophane (en papeterie)

1 Préparez vos ingrédients.

2 Versez la crème et le chocolat haché dans une casserole puis ajoutez le miel. Faites chauffer sur feu doux.

3 Ensuite, ajoutez le sucre semoule.

4 Mélangez le tout à l'aide d'une spatule en bois.

5 Faites chauffer à feu moyen jusqu'à ce que les ingrédients soient bien homogènes.

6 Portez à ébullition sur feu moyen durant une dizaine de minutes.

(...)

Leçon n°11 — Papillon caramel chocolat

Retirez la casserole du feu et prélevez une petite quantité de caramel que vous plongez dans l'eau froide (7 et 8) : vous devez pouvoir former une petite boule de caramel entre vos doigts, et celle-ci doit rester légèrement souple (9). Lorsque le caramel est cuit, ajoutez le sel (10) et versez-le dans un récipient tapissé de film alimentaire (11).
Couvrez avec le film et laissez durcir à température ambiante (12).

Lorsque le caramel est complètement refroidi, démoulez-le (13) et découpez-le en petits morceaux (14) — rectangle ou carré selon vos envies (15).
Découpez des petits rectangles de papier cellophane qui vous serviront à emballer chaque caramel.

7 Testez la cuisson du caramel dans de l'eau glacée.

8 Vous pouvez le tester sur une cuillère à café.

9 Vous devez réussir à former 1 petite boule de caramel entre vos doigts, celle-ci doit être assez consistante et souple à la fois.

10 Ajoutez le sel dans le caramel.

11 Versez le caramel dans un récipient filmé.

12 Laissez le caramel durcir à température ambiante.

13 Pour le démoulage, tirez simplement sur les bords du film.

14 Placez le caramel sur une planche à découper et tranchez-le à l'aide d'un couteau affûté.

15 Réalisez ainsi les formes que vous voulez, puis emballez-les.

Leçon n°12 — Palets menthe

Préparez vos ingrédients.

Dans une casserole, portez la crème à ébullition.

Retirez la casserole du feu, et ajoutez les feuilles de menthe découpées avec des ciseaux. Laissez infuser durant 5 minutes (1).

Hachez le chocolat et versez-le dans un récipient.

Filtrez la crème sur le chocolat haché (2).

Laissez le chocolat fondre durant 2 minutes puis mélangez à l'aide d'une spatule en caoutchouc de manière à obtenir une texture bien lisse et homogène (3).

Ajoutez le beurre en morceaux et mélangez (4).

Couvrez deux plaques avec du papier cuisson, déposez dessus des petites boules de ganache en vous aidant d'une poche à douille (5 et 6). Vous pouvez tout à fait réaliser cette opération à l'aide d'une cuillère à café.

Recouvrez très délicatement ces palets avec une couche de film alimentaire (7).

En vous aidant d'un verre à fond plat, appuyez légèrement sur chaque palet pour les aplanir (8).

Laissez figer 1 heure minimum.

Pour les feuilles cristallisées

Avec un pinceau, badigeonnez finement de blanc d'œuf chaque feuille de menthe des deux côtés (9) puis passez-les dans le sucre. Déposez-les alors sur une plaque couverte de papier sulfurisé et laissez-les sécher durant une nuit (10).

Décorez chaque palet avec une feuille cristallisée et dégustez.

Astuce : à moins d'avoir une pièce climatisée, conservez ces palets dans une boîte hermétique au réfrigérateur.

Ingrédients

Temps de préparation : 30 minutes

Temps de séchage pour les feuilles cristallisées : 1 nuit

Temps de prise de la ganache : 1 heure

25 cl de crème liquide

30 feuilles de menthe

400 g de chocolat noir entre 60 et 70 % de cacao

50 g de beurre en morceaux

Pour les feuilles de menthe cristallisées

40 feuilles de menthe de taille moyenne

1 blanc d'œuf

150 g de sucre semoule

1 Faites bouillir la crème ; déposez-y les feuilles de menthe découpées. Laissez infuser.

2 Lorsque la crème a infusé, filtrez-la sur le chocolat haché.

3 Mélangez doucement à l'aide d'une spatule en caoutchouc jusqu'à obtention d'une texture lisse et brillante.

4 Ajoutez le beurre en morceaux.

5 Garnissez une poche de cette ganache et réalisez des petites boules sur une plaque couverte de papier sulfurisé.

6 Voici des exemples.

7 Filmez les palets très délicatement.

8 En vous aidant d'un petit verre à fond plat, appuyez légèrement sur les palets pour les lisser. Laissez durcir.

9 Badigeonnez délicatement chaque feuille de menthe avec du blanc d'œuf.

10 Passez chaque feuille dans le sucre avant de les laisser sécher une nuit.

Leçon n°13   Ganache au citron vert

Préparez vos ingrédients.

À l'aide d'un couteau, hachez le chocolat blanc et mettez-le à fondre au bain-marie (1). Réservez.

En vous aidant d'une râpe assez fine, prélevez les zestes du citron vert. Ensuite pressez-en le jus.

Dans une casserole, portez la crème à ébullition.

Ajoutez les zestes de citron vert au chocolat fondu (2). Lorsque la crème est chaude, versez-la en plusieurs fois sur le chocolat.

Mélangez la ganache à l'aide d'une spatule en bois (3), puis incorporez-y le jus de citron (4).

La ganache doit être bien lisse et homogène (5).

Tapissez un moule à fond plat avec du film alimentaire, puis versez-y la ganache (6).

Placez votre moule au réfrigérateur et laissez prendre 1 heure minimum.

Pour la finition

Faites fondre les 100 g de chocolat blanc au bain-marie. Réservez.

Lorsque la ganache est prise, sortez-la du réfrigérateur.

Ôtez le film et déposez la ganache sur votre plan de travail.

Sur la ganache, versez l'équivalent de trois cuillères à soupe de chocolat fondu (7) que vous étalez avec une spatule en Inox (8).

Attendez qu'il prenne avant de retourner la ganache (une couche de chocolat blanc suffit).

Découpez la ganache à la forme souhaitée.

Saupoudrez-la de sucre glace (9).

Entreposez-la au réfrigérateur.

Dégustez frais (10).

Astuce : à moins d'avoir une pièce climatisée, conservez ces chocolats dans une boîte hermétique au réfrigérateur.

Ingrédients

Temps de préparation : 20 minutes

Temps de prise : 1 heure

400 g de chocolat blanc de qualité

10 cl de crème liquide

le jus et le zeste d'un citron vert

Pour la finition

100 g de chocolat blanc

50 g de sucre glace

1   Faites fondre le chocolat blanc au bain-marie et réservez.

2   Disposez les zestes de citron vert sur le chocolat blanc fondu, puis ajoutez la crème chaude.

3   Mélangez doucement à l'aide d'une cuillère en bois.

4   Ajoutez le jus de citron vert.

5   Mélangez jusqu'à obtention d'une ganache bien lisse.

6   Filmez votre moule, et garnissez-le de ganache. Laissez figer.

7   Lorsque la ganache a durci, démoulez-la sur votre plan de travail. Versez dessus le chocolat blanc fondu.

8   Etalez le chocolat en vous aidant d'une spatule en métal.

9   Retournez la ganache, découpez-la et saupoudrez-la de sucre glace.

10   Voici le produit fini.

Leçon n°14 — Coques de chocolat, caramel au beurre salé

Préparez vos ingrédients (1).

Préparation du caramel au beurre salé
Versez le sucre dans une casserole à fond épais, et faites-le fondre à feu moyen, en agitant pour bien répartir le sucre.
Incorporez ensuite le miel (2) et laissez cuire (3).
Lorsque le caramel atteint une belle teinte acajou, ajoutez la crème liquide en plusieurs fois (4) (attention ! le caramel va bouillir et monter assez rapidement)
Finissez d'incorporer la crème à l'aide d'une spatule en bois.
Laissez bouillir sur feu moyen durant 2 minutes, de manière que le caramel atteigne la consistance souhaitée.
Retirez la casserole du feu. Ajoutez-y le beurre pour stopper la cuisson (5).
Mélangez afin de bien incorporer le beurre, puis ajoutez la fleur de sel (6).
Versez un peu de caramel sur une assiette (7) pour vérifier la cuisson : le caramel va durcir mais doit rester assez tendre.
Versez le caramel dans un petit récipient et laissez-le refroidir (8)...

Ingrédients

Pour 12 coques

Temps de préparation : 30 minutes

Temps de prise : 1 heure environ

200 g de chocolat noir à 55 % de cacao

Pour la garniture au caramel

100 g de sucre semoule

1 cuillère à soupe de miel liquide

5 cuillères à soupe de crème liquide

80 g de beurre

2 pincées de fleur de sel

Pour la finition

1 tablette de chocolat noir entre 60 et 70 % de cacao

1 Préparez vos ingrédients.

2 Versez le sucre dans une casserole à fond épais, faites-le fondre puis ajoutez le miel liquide.

3 Continuez de cuire jusqu'à obtention d'une belle couleur acajou.

4 Lorsque le caramel est prêt, ajoutez la crème liquide en plusieurs fois afin de le décuire. Puis faites-le bouillir 2 minutes.

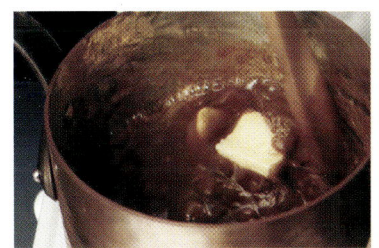

5 Hors du feu, ajoutez le beurre en morceaux afin d'arrêter la cuisson du caramel.

6 Terminez en incorporant la fleur de sel.

7 Vérifiez la cuisson sur une assiette froide.

8 Versez le caramel dans un récipient et laissez-le refroidir.

(. . .)

Leçon n°14 Coques de chocolat, caramel au beurre salé

Réalisez les coques de chocolat

Préparez le chocolat de manière à obtenir du chocolat tempéré (voir page 5).

Avec un pinceau, badigeonnez de chocolat tempéré l'intérieur d'alvéoles à œufs en plastique (9).

Appliquez une première couche pas trop épaisse, laissez le chocolat figer puis appliquez de nouveau une couche de chocolat (10).

Laissez durcir au réfrigérateur 10 minutes puis 30 minutes au congélateur.

Mettez les coques au chocolat pendant 5 minutes au réfrigérateur afin de faciliter le démoulage.

Sortez les moules, et démoulez-les délicatement (11 et 12).

Travaillez légèrement le caramel avant de garnir les coques (13).

À l'aide d'un petit couteau, grattez la tablette de chocolat au-dessus des coques de manière à réaliser de petits copeaux (14).

9 En vous aidant d'un pinceau, badigeonnez l'intérieur d'une alvéole à œufs avec du chocolat.

10 Après avoir réalisé une première couche assez fine, appliquez-en une seconde un peu plus épaisse. Laissez durcir 1 heure.

11 Mettez les coques pendant 5 min au réfrigérateur puis démoulez-les délicatement.

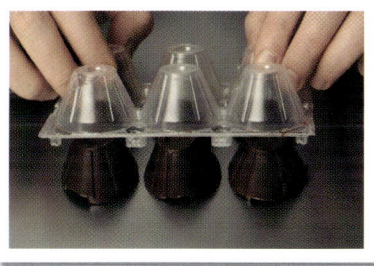

2 Elles doivent se décoller toutes seules.

13 Retournez les coques : garnissez-les de caramel mélangé légèrement.

14 Pour la décoration, râpez une tablette de chocolat noir avec un petit couteau pour réaliser des copeaux.

Rochers praliné

Réalisation du praliné maison
Préchauffez votre four à 180 °C.
Versez l'intégralité des noisettes de la recette sur une plaque couverte de papier sulfurisé et faites-les torréfier au four durant une dizaine de minutes.
Épluchez les noisettes en les frottant entre vos doigts.
Réservez en prenant soin de repeser chaque quantité de noisettes : pour le praliné, la garniture et l'enrobage.

Fendez et grattez la gousse de vanille.
Dans une casserole (en cuivre de préférence), mettez la moitié du sucre avec la vanille, et faites-le fondre à feu moyen en remuant à l'aide d'une spatule (1).
Lorsque le sucre a bien fondu et commence à colorer, incorporez le restant du sucre tout en mélangeant pour que la cuisson soit homogène (2).
Lorsque le sucre prend une couleur caramel assez prononcée, retirez la casserole du feu et extrayez la gousse de vanille (3).
Incorporez les noisettes torréfiées (150 g) et mélangez afin de bien les enrober de caramel (4).
Débarrassez-les sur un tapis en silicone (ou sur du papier sulfurisé) (5).
Laissez refroidir.

Lorsque le caramel est froid, cassez-le en gros morceaux et mixez-le afin d'obtenir une pâte (6, 7 et 8).
Pendant ce temps, mettez le chocolat au lait et le chocolat noir (20 g) à fondre dans un bain-marie, mais faites attention de ne pas trop le chauffer — il doit être à peine plus chaud que votre doigt...

Ingrédients

Pour 30 rochers

Temps de préparation : 40 minutes

Temps de cuisson : 10 minutes

Temps de repos : 2 heures environ

Pour le praliné

150 g de noisettes entières

1 gousse de vanille

130 g de sucre semoule

80 g de chocolat au lait

20 g de chocolat noir entre 50 et 60 % de cacao

Pour la garniture

80 g de noisettes

Pour l'enrobage

50 g de noisettes

400 g de chocolat noir entre 50 et 60 % de cacao

50 g de praliné en grain (en grande surface)

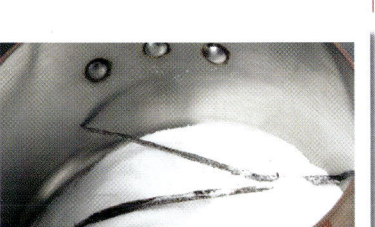

1 Mélangez la moitié de sucre et la gousse de vanille dans une casserole en cuivre.

2 Lorsque le sucre a bien fondu, incorporez le restant de sucre.

3 La couleur du sucre devient caramel, retirez la casserole du feu et sortez la gousse de vanille.

4 Incorporez les noisettes dans le caramel.

5 Versez la préparation sur le tapis en silicone ou sur du papier sulfurisé.

6 Lorsque le caramel est bien froid, cassez-le en gros morceaux et placez-le dans le mixeur.

7 Mixez pendant 10 min.

(...)

Leçon n°15 Rochers praliné

Lorsque le praliné est suffisamment mixé, versez-le dans un récipient et ajoutez-y le chocolat fondu (9).

Garnissez une poche à douille de cette préparation et remplissez des moules en forme de demi-sphère (ou d'une autre forme : moules à glaçons...)(10).

Déposez une noisette dans chaque sphère, et enfoncez-les à l'aide d'un cure-dents (11).

Placez une feuille de papier cuisson au contact des noisettes et posez une plaque par-dessus pour que les noisettes restent bien enfoncées.

Laissez figer 2 heures au réfrigérateur.

Préparation de l'enrobage

Hachez assez finement les 50 g de noisettes.

Faites fondre les 400 g de chocolat noir, tempérez-le (voir page 5) puis incorporez-y les noisettes hachées ainsi que le praliné en grain (12). Réservez.

Démoulez les demi-sphères et collez-les deux par deux de manière à obtenir une boule (13).

Faites-les tremper dans le chocolat noisette puis, à l'aide d'une fourchette, égouttez-les et faites-les glisser sur une feuille de papier sulfurisé (14).

Laissez figer avant de déguster (15).

Astuce : les rochers sont encore meilleurs après une bonne nuit de repos.

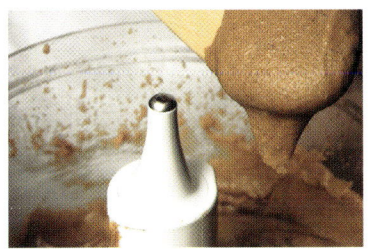

8 Voici la texture du praliné.

9 Versez le chocolat fondu sur le praliné mixé.

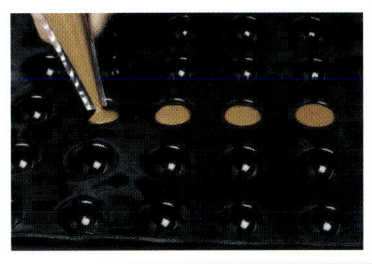

10 Garnissez une poche à douille et remplissez les moules demi-sphériques.

11 Placez 1 noisette au centre de chaque demi-sphère, puis enfoncez-la à l'aide d'un cure-dents.

12 Pour l'enrobage, mélangez le chocolat fondu, les noisettes hachées et le praliné en grain.

13 Démoulez les demi-sphères et collez-les 2 par 2 afin d'obtenir une boule. Enrobez-les de chocolat noisette.

14 A l'aide d'une fourchette, égouttez-les et faites-les glisser sur une feuille de papier sulfurisé.

15 Laissez figer avant de déguster ces rochers.

Leçon n°16 Petits pots de crème à la lavande

Préparez vos ingrédients (1).

Versez le lait et la crème dans une casserole et portez-les à ébullition.

Lorsque le liquide bout, ajoutez-y la lavande tout en fouettant, puis laissez infuser durant 5 minutes sans couvrir (2).

Hachez finement le chocolat et versez-le dans un récipient.

Clarifiez les œufs (c'est-à-dire qu'il faut séparer le jaune du blanc d'œuf) (3).

Mélangez le sucre semoule avec les jaunes (4) en fouettant légèrement (5).

Portez de nouveau à ébullition le lait infusé puis retirez la casserole du feu.

Ajoutez alors le mélange sucre+jaunes tout en fouettant (6)...

Ingrédients

Temps de préparation : 20 minutes

Temps d'infusion : 5 minutes

Temps de prise : 3 heures minimum

25 cl de lait

25 cl de crème liquide

1 petite cuillère à soupe de fleurs de lavande
(fraîches ou sèches)

180 g de chocolat noir à 70 % de cacao

4 jaunes d'œufs

80 g de sucre semoule

1   Préparez vos ingrédients.

2   Faites bouillir le lait et la crème dans une casserole puis ajoutez-y la lavande. Laissez infuser.

3   Séparez les jaunes des blancs d'œufs.

4   Versez le sucre semoule sur les jaunes.

5   Fouettez ce mélange rapidement en évitant de le faire blanchir.

6   Lorsque la lavande a suffisamment infusé, faites bouillir de nouveau le liquide aromatisé puis incorporez-y le mélange sucre+jaunes tout en fouettant.

$(\ldots)$

Petits pots de crème à la lavande

Refaites chauffer à feu doux. Mélangez avec une cuillère en bois pour obtenir une texture onctueuse (7) afin d'arrêter la cuisson.

Filtrez la crème à l'aide d'une passoire dans un récipient (8).

Versez-la en plusieurs fois sur le chocolat haché tout en mélangeant avec un fouet. Assurez-vous que l'intégralité du chocolat soit fondu (9, 10 ,11 et 12).

Lorsque la crème au chocolat est bien lisse et homogène (13), remplissez les petits pots (14) et laissez figer au réfrigérateur durant 3 heures au minimum.

7 Voici la cuisson souhaitée (à la nappe).

8 Filtrez ensuite cette crème dans un récipient à l'aide d'une passoire fine.

9 Versez une petite quantité de crème sur le chocolat haché.

10 Commencez à mélanger à l'aide d'un fouet.

11 Ajoutez le restant de crème en plusieurs fois.

12 Continuez de mélanger en partant du milieu du récipient.

13 La ganache doit être lisse et homogène.

14 Garnissez les petits pots à l'aide d'une saucière.

Leçon n°17 — Samossas au chocolat

Préparez vos ingrédients (1).

Déposez le beurre mou et le sucre semoule dans un petit récipient. Mélangez jusqu'à ce que la texture soit crémeuse (2).

Cassez un œuf dans la préparation (3), mélangez, puis ajoutez la noix de coco râpée et la farine (4).

Remuez jusqu'à obtention d'une masse bien homogène, incorporez alors le deuxième œuf (5) et mélangez de nouveau (6).

A l'aide d'un économe, hachez grossièrement le chocolat sur la préparation (7).

Incorporez le cacao en poudre en le tamisant sur le mélange (8).

Préchauffez votre four à 210 °C...

Ingrédients

Pour 20 pièces

Temps de préparation : 25 minutes

Temps de cuisson : 10 minutes

100 g de beurre mou

100 g de sucre semoule

2 œufs

100 g de noix de coco râpée

1 cuillère à soupe de farine

30 g de chocolat noir en copeaux
entre 60 et 70 % de cacao

20 g de cacao en poudre

Pour le montage et la garniture

50 g de beurre

10 feuilles de brick

2 bananes

50 g de sucre glace

1   Préparez tous vos ingrédients.

2   Mélangez ensemble le beurre mou avec le sucre semoule dans un récipient.

3   Ajoutez le premier œuf et mélangez.

4   Mélangez ensemble la farine et la noix de coco râpée ; mêlez-les à la préparation précédente.

5   Incorporez le deuxième œuf.

6   Mélangez le tout jusqu'à ce que les œufs soient bien incorporés.

7   A l'aide d'un économe, râpez directement le chocolat sur la préparation.

8   Finissez le mélange en incorporant le cacao en poudre.

(. . .)

Leçon n°17 Samossas au chocolat

Montage

Faites fondre le beurre et réservez.

Coupez l'intégralité des feuilles de brick en une seule fois de manière à obtenir des bandes de 6 cm de largeur (9).

Décollez les bandes, badigeonnez-les une par une de beurre fondu à l'aide d'un pinceau (10).

Superposez toutes les bandes pour éviter qu'elles ne sèchent (11) et coupez une des entames afin d'obtenir une arête bien nette.

Déposez une cuillère à café de crème au chocolat, puis une rondelle de banane (12) et pliez en collant le bord à l'extrémité (13, 14 et 15).

Vous pouvez aussi déposer une pointe de beurre (16) ou de crème au chocolat pour coller le samossa à la fin du pliage.

Il faut prendre soin de bien refermer les samossas pour que la crème reste à l'intérieur (17).

Déposez tous les gâteaux sur une plaque de cuisson anti-adhésive (ou recouverte de papier sulfurisé).

Saupoudrez-les de sucre glace (18) et mettez-les au four durant 10 minutes en les retournant à mi-cuisson.

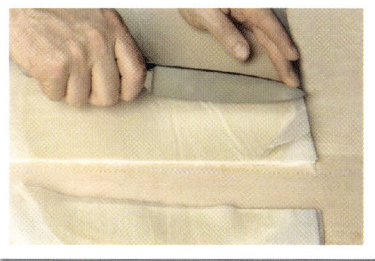

9 Découpez les feuilles de brick en bandes de 6 cm de large.

10 A l'aide d'un pinceau, badigeonnez chaque bande de beurre fondu.

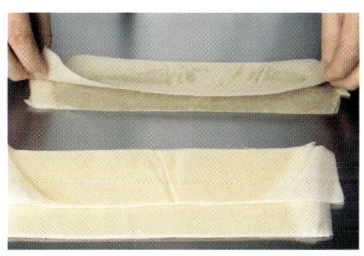

11 Superposez toutes les bandes pour qu'elles ne sèchent pas.

2 Après avoir découpé 1 des entames, placez 1 point de crème et 1 rondelle de banane au début de la bande.

13 Commencez à plier.

14 Continuez de plier en réalisant des bords bien nets.

5 Prenez soin de bien appuyer sur chaque angle.

16 Appliquez une petite couche de beurre pour faciliter la fermeture des samossas.

17 Fermez-les avec soin pour que la crème ne s'échappe pas lors de la cuisson.

3 Après avoir déposé les samossas sur une plaque de cuisson, saupoudrez-les de sucre glace et enfournez-les pendant 10 min à 210° C.

Leçon n°18 | Doigts de fée

Mélangez ensemble 40 g de noix de coco râpée et le sucre glace puis tamisez-les dans un récipient (1).

Préchauffez votre four à 90 °C.

Versez les blancs d'œufs dans le bol d'un batteur (vous pouvez aussi bien réaliser cette recette au fouet à main).

Fouettez les blancs d'œufs en neige (2) et lorsqu'ils commencent à être mousseux ajoutez en plusieurs fois le sucre semoule pour meringuer les blancs. Lorsque vous aurez incorporé l'intégralité du sucre semoule (3 et 4), continuez à fouetter les blancs de manière à obtenir une meringue assez ferme, blanche, brillante et nacrée (5).

Arrêtez de battre. Incorporez maintenant le mélange sucre glace–noix de coco (6) à l'aide d'une spatule (7)...

Ingrédients

Temps de préparation : 30 minutes

Temps de cuisson : 3 heures

40 g de noix de coco râpée

+ 40 g pour saupoudrer

100 g de sucre glace

4 blancs d'œufs

120 g de sucre semoule

Pour la finition

200 de chocolat noir à 70% de cacao

Mélangez la noix de coco et le sucre glace, puis tamisez le tout.

2 Commencez à monter les blancs d'œufs.

3 Ajoutez un peu de sucre lorsque les blancs deviennent mousseux.

4 Il faut ajouter le sucre en plusieurs fois.

5 Voici la texture souhaitée.

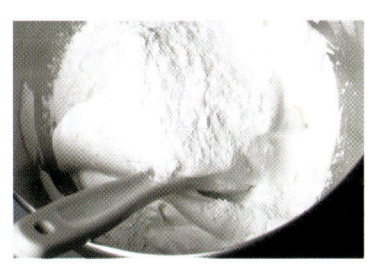

6 Une fois la meringue prête, ajoutez le mélange sucre glace et noix de coco.

7 Mélangez à l'aide d'une spatule en caoutchouc.

(. . .)

Doigts de fée

Lorsque les deux masses sont bien mélangées, garnissez une poche à douille de cette préparation (8).

Déposez un petit point de meringue dans chaque angle des plaques afin d'éviter que la feuille ne s'envole lors de la cuisson (9), et placez une feuille de papier sulfurisée (10).

Réalisez des petits bâtonnets de 6 cm de long environ (11 et 12).

Lorsque vous aurez rempli chaque plaque, saupoudrez les bâtons de noix de coco râpée (13).

Enfournez pour une durée de 3 heures environ. A la sortie du four, les meringues doivent être bien sèches et sans coloration.

Après la cuisson des meringues, préparez votre chocolat de manière à ce qu'il soit tempéré (voir page 5).

Plongez la moitié des meringues dans le chocolat tempéré, puis collez-les deux par deux tête-bêche (14).

Posez-les sur une feuille de papier sulfurisé et laissez-les figer complètement avant de les déguster.

Pour conserver les doigts de fée, mettez-les dans une boîte en fer hermétique.

8   Garnissez une poche à douille.

9   Disposez aux 4 coins d'une plaque un point de meringue.

10 Posez votre feuille de papier sulfurisé.

11 Pochez vos bâtonnets de meringue-noix de coco.

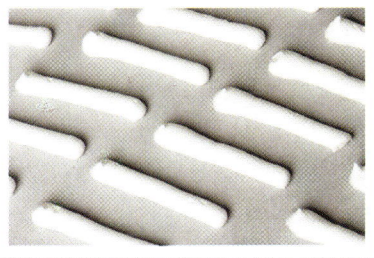

12 Voici la taille des bâtonnets.

13 Parsemez les bâtonnets de noix de coco râpée. Puis enfournez pendant 3 heures à 90 °C.

14 Après refroidissement, trempez la moitié de chaque bâtonnet dans le chocolat tempéré. Laissez figer avant de déguster.

Leçon n°19 — Mes muffins au chocolat

Préparez vos ingrédients (1).

Préchauffez votre four à 210 °C.

Hachez finement le chocolat et faites-le fondre au bain-marie avec le beurre (2). Mélangez jusqu'à ce que vous ayez une texture lisse et homogène (3). Cassez les œufs dans un récipient, ajoutez le sucre semoule (4) et fouettez le tout vivement durant 5 minutes afin d'obtenir une texture blanche et légère (5) — cette opération peut être facilitée par un batteur électrique.

Lorsque les œufs sont bien montés, incorporez-y le mélange chocolat + beurre à l'aide d'un fouet (6)...

Ingrédients

Pour 12 muffins

Temps de préparation : 20 minutes

Temps de cuisson : 12 minutes

100 g de chocolat noir entre 50 et 60 % de cacao

110 g de beurre

4 œufs

150 g de sucre semoule

60 g de farine

1 cuillère à soupe de cacao en poudre non sucré

20 framboises (fraîches ou surgelées)

1 banane

+ un peu de beurre et de farine pour le moule

Pour la finition

100 g de chocolat entre 60 et 70% de cacao

1   Préparez vos ingrédients.

2   Faites fondre le chocolat haché et le beurre au bain-marie.

3   Le beurre et le chocolat doivent être bien fondus.

4   Cassez les œufs dans un récipient et ajoutez le sucre semoule.

5   Fouettez le tout de manière à obtenir une texture mousseuse.

6   Lorsque les œufs sont suffisamment montés, incorporez le mélange chocolat + beurre tout en fouettant.

(…)

Mes muffins au chocolat

Tamisez la farine et le cacao en poudre sur le mélange précédent (7).

Mélangez jusqu'à obtention d'une pâte homogène (8).

Beurrez et farinez des moules à muffins.

À l'aide d'une cuillère à soupe, versez un peu de pâte dans le fond du moule, déposez une framboise dans chaque moule (9).

Recouvrez la framboise de pâte, puis insérez une tranche de banane coupée en deux dans chaque muffin (10).

Enfournez pendant 12 minutes environ.

Lorsque les muffins sont cuits, laissez-les refroidir quelques minutes avant de les démouler.

Pour la finition

Il suffit tout simplement de tremper la base des muffins dans le chocolat fondu (11 et 12).

7 Tamisez la farine et le cacao en poudre sur la pâte.

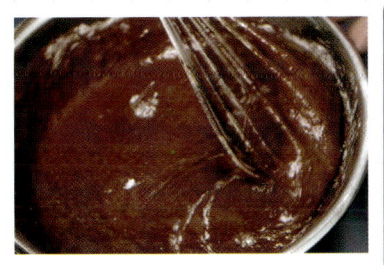

8 Finissez le mélange au fouet.

9 Déposez 1 cuillère d'appareil dans des moules à muffins beurrés et farinés. Puis déposez-y 1 framboise.

10 Après avoir recouvert la framboise de pâte, insérez 1/2 rondelle de banane dans chaque muffin. Enfournez pour une douzaine de minutes à 210 °C.

11 Après la cuisson, laissez complètement refroidir les muffins avant de tremper la base dans le chocolat fondu.

12 Vous pouvez alterner entre muffins couverts de chocolat et muffins nature.

Diamants chocolat framboise

Préchauffez votre four à 180 °C.

Pour la réalisation du sablé diamant, tamisez la farine sur votre plan de travail.

Ajoutez le beurre coupé en petits morceaux, le sucre, la cannelle en poudre et le cacao (1).

Sablez le mélange à deux mains en prenant soin de bien travailler la pâte (2 et 3).

Lorsque l'ensemble devient homogène, rassemblez la pâte en boule (4).

Séparez-la en deux parties égales que vous façonnez en boudins réguliers (5).

Lorsque les deux boudins sont de taille identique, coupez-les en deux (6) et roulez-les dans la cassonade (7).

Placez-les enfin sur une planche et laissez-les reposer 30 minutes au réfrigérateur afin que la pâte puisse être découpée sans qu'elle s'affaisse.

Sortez les diamants du réfrigérateur, puis découpez-les à l'aide d'un couteau bien affûté en tranches d'un centimètre d'épaisseur (8).

Disposez les sablés sur une plaque couverte de papier sulfurisé et faites-les cuire durant 15 à 20 minutes.

Lorsqu'ils sont cuits, attendez qu'ils aient bien refroidi avant de les décorer.

Pour la finition

Faites fondre le chocolat au bain-marie ou au micro-ondes. Réservez.

Prélevez une demi-cuillère à café de confiture de framboises et toujours à l'aide de la cuillère, réalisez un petit dôme de framboise sur le dessus de chaque sablé (9).

Enfin, déposez sur le dessus une framboise tête en bas.

A l'aide d'un cornet en papier sulfurisé, ou d'une petite cuillère à café, garnissez l'intérieur de chaque framboise avec le chocolat fondu (10).

Astuce : rien ne vous empêche de réaliser vous-même la confiture de framboises pépins en versant dans une casserole 250 g de framboises entières (même légèrement abîmées) avec 75 g de sucre à confiture (avec gélifiant) et quelques gouttes de jus de citron, puis de faire cuire le tout sur feu moyen en mélangeant à l'aide d'une cuillère en bois.

Ingrédients

Temps de préparation : 30 minutes

Temps de repos : 30 minutes

Temps de cuisson : 15 à 20 minutes

210 g de farine
150 g de beurre
75 g de sucre semoule
1 cuillère à soupe rase de cannelle en poudre
1 cuillère à soupe de cacao en poudre

200 g de cassonade

Pour la finition
60 g de chocolat noir à 70% de cacao
200 g de confiture de framboises pépins
1 barquette de framboises fraîches

1   Tamisez la farine sur votre plan de travail, puis incorporez le beurre en morceaux, le sucre semoule, la cannelle en poudre et le cacao.

2   Commencez à sabler le mélange à la main.

3   Il faut que le beurre soit complètement mêlé aux éléments secs.

4   Ensuite rassemblez la pâte en une boule homogène.

5   Séparez la pâte en 2 puis façonnez-la en boudins réguliers sur votre plan de travail non fariné ou légèrement fariné.

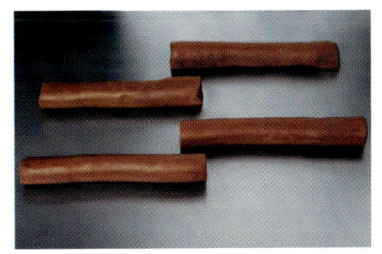

6   Coupez ces boudins en 2 afin de faciliter le travail.

7   Versez la cassonade dans un récipient, roulez-y les 1/2 boudins. Placez-les au réfrigérateur afin qu'ils durcissent.

8   Sortez la pâte du réfrigérateur et découpez-la en tranches de 1 cm d'épaisseur. Placez ces rondelles sur une plaque de cuisson et enfournez pendant 15 à 20 min à 180 °C.

9   Laissez complètement refroidir les sablés. Avec une cuillère à café, réalisez des petits dômes de confiture de framboise sur chaque petit gâteau.

10   Disposez ensuite 1 framboise à l'envers sur chaque dôme et remplissez-la de chocolat fondu.

Leçon n°21 | Financiers chocolat aux fruits secs

Préparez vos ingrédients.

Préchauffez votre four à 210 °C.

Mettez le beurre dans une casserole à fond épais, faites-le fondre à feu moyen et laissez-le cuire jusqu'à ce qu'il devienne noisette : une odeur de noisette et une couleur dorée sont les caractéristiques de ce beurre chauffé.

Lorsqu'il atteint cette cuisson, filtrez-le avec une passoire (1) fine et laissez-le refroidir.

Hachez finement le chocolat et faites-le fondre au bain-marie. Réservez.

Tamisez ensemble le sucre glace, la poudre d'amande et la farine dans un récipient (2).

Versez les blancs d'œufs sur les éléments secs tamisés ; mélangez à l'aide d'une spatule en bois (3).

Ajoutez le beurre noisette tiède (4). Finissez le mélange en incorporant le chocolat fondu (5).

La pâte doit être bien homogène (6).

Beurrez des moules à financier et remplissez-les de pâte avec une cuillère (7).

Pour bien répartir la pâte dans les moules, tapez-les sur un torchon (8).

Pour la garniture

Concassez grossièrement les noisettes.

Mélangez les quatre fruits secs dans un récipient et parsemez-en les financiers (9).

Enfoncez légèrement la garniture dans la pâte (10). Enfournez durant 15 minutes environ.

Astuce : vous pouvez aussi préparer cette pâte la veille et garnir les financiers juste avant la cuisson.

Ingrédients

Pour une vingtaine de financiers

Temps de préparation : 20 minutes

Temps de cuisson : 15 minutes

150 g de beurre

160 g de chocolat noir (60 à 70 % de cacao)

100 g de sucre glace

120 g de poudre d'amande

50 g de farine

5 blancs d'œufs

+ du beurre pour les moules

Pour la garniture fruits secs

50 g de noisettes décortiquées

50 g de pistaches entières

50 g de pignons de pin

25 g d'amandes effilées

1   Placez le beurre dans une casserole, faites-le cuire jusqu'à obtention d'une couleur noisette puis filtrez-le dans un récipient. Laissez-le refroidir.

2   Tamisez ensemble le sucre glace, la poudre d'amande et la farine dans un récipient.

3   Ajoutez les blancs d'œufs tout en mélangeant avec une spatule en bois.

4   Versez le beurre noisette tiède en mélangeant.

5   Incorporez ensuite le chocolat noir fondu.

6   Voici la texture souhaitée.

7   Beurrez des moules à financier ; garnissez-les en vous aidant d'une cuillère à soupe.

8   Pour faciliter la répartition de la pâte dans les moules, tapotez-les sur un torchon.

9   Mélangez ensemble les 4 fruits secs (pignons, pistaches, noisettes concassées et amandes effilées) et parsemez-les sur les financiers.

10   Enfoncez légèrement les fruits secs avant d'enfourner pendant 15 min à 210 °C.

Madeleines chocolat

Préparez tous vos ingrédients (1).

Versez le beurre dans une casserole à fond épais, faites-le fondre à feu moyen et laissez-le cuire jusqu'à ce qu'il obtienne une couleur et une odeur de noisette. Lorsqu'il atteint cette cuisson, filtrez-le avec une passoire fine (2) et laissez-le refroidir.

A l'aide d'un grand couteau, hachez le chocolat en petites « pépites ». Réservez.

Cassez les œufs dans un récipient, ajoutez-y la vanille liquide (3).

Versez le sucre semoule puis mélangez avec un fouet (4).

Lorsque le sucre est incorporé, versez le miel tout en continuant à fouetter (5)...

Ingrédients

Pour une vingtaine de madeleines

Temps de préparation : 20 minutes

Temps de cuisson : 12 minutes

Temps de repos de la pâte : 2 heures

140 g de beurre

40 g de chocolat noir entre 60 et 70 % de cacao

2 œufs

1 cuillère à café de vanille liquide

90 g de sucre semoule

2 cuillères à soupe de miel liquide

140 g de farine

1 cuillère à café de levure chimique

20 g de cacao en poudre non sucré

+ du beurre pour les moules

Finition

100 g de chocolat noir entre 60 et 70 % de cacao

1   Préparez vos ingrédients.

2   Mettez le beurre dans une casserole, faites-le cuire jusqu'à ce qu'il devienne noisette. Filtrez-le dans un récipient et laissez-le refroidir.

3   Cassez les œufs dans un récipient puis ajoutez-y la vanille liquide.

4   Versez le sucre et mélangez doucement à l'aide d'un fouet.

5   Ajoutez le miel sans cesser de remuer.

(...)

Leçon n°22 Madeleines chocolat

Tamisez ensemble la farine, la levure et le cacao en poudre (6) ; incorporez-les à la préparation précédente (7). Mélangez jusqu'à obtention d'une masse homogène (8).

Versez dessus le beurre noisette tiède (9).

Finissez le mélange en ajoutant les pépites de chocolat maison (10).

Filmez votre pâte et laissez-la reposer 2 heures à température ambiante.

Préchauffez votre four à 210 °C.

Beurrez soigneusement vos moules à madeleine que vous garnissez avec une cuillère à soupe (11).

Enfournez durant 12 minutes.

À la sortie du four, décollez les madeleines et laissez-les refroidir.

Trempez la base de chaque madeleine dans le chocolat fondu (12) — celui-ci doit être à la même température que votre doigt — et dégustez sans attendre !

6 Tamisez ensemble la farine, la levure et le cacao en poudre dans un récipient.

7 Versez ensuite les éléments secs tamisés sur la préparation précédente.

8 Mélangez jusqu'à obtention d'une pâte homogène.

9 Ajoutez le beurre noisette tiède.

10 Incorporez le chocolat en pépites et laissez reposer la pâte pendant 2 heures.

11 Après avoir beurré les moules, garnissez-les de pâte. Enfournez durant 12 min à 210 °C.

2 A la sortie du four, décollez les madeleines et laissez-les refroidir avant de les tremper dans le chocolat fondu.

Leçon n°23 | Brownies café marron

Préparez vos ingrédients (1).

Préchauffez votre four à 180 °C.

Hachez le chocolat et faites-le fondre au bain-marie (2).

Hachez grossièrement les noisettes. Réservez.

Découpez le beurre en petits morceaux et travaillez-le pour lui donner une texture molle et homogène.

Versez le sucre semoule (3) et mélangez.

Lorsque le mélange est homogène, ajoutez les deux œufs (4) tout en remuant, puis tamisez la farine sur la préparation (5).

Ajoutez le café soluble (6 et 7)...

Ingrédients

Temps de préparation : 30 minutes

Temps de cuisson : 20 minutes

Temps de prise : 10 minutes

150 g de chocolat noir entre 50 et 60 % de cacao

50 g de noisettes décortiquées

100 g de beurre mou

100 g de sucre semoule

2 œufs

40 g de farine

10 g de café soluble

Pour la finition

80 g de crème de marron

100 g de chocolat noir fondu entre 60 et 70 % de cacao

1 cuillère à soupe d'huile de tournesol

1 Préparez vos ingrédients.

2 Hachez le chocolat noir et faites-le fondre au bain-marie.

3 Mélangez ensemble le beurre mou et le sucre semoule à l'aide d'une spatule en caoutchouc.

4 Ajoutez ensuite les 2 œufs.

5 Tamisez la farine directement sur la préparation et mélangez.

6 Incorporez le café soluble.

7 Remuez bien afin de dissoudre le café.

(. . .)

Leçon n°23 | Brownies café marron

Prenez votre chocolat fondu (8), ajoutez-le à la préparation précédente (9) et finissez la pâte à brownie en y incorporant les noisettes concassées (10).

Beurrez et farinez un moule rectangulaire que vous garnissez de pâte (11). Enfournez durant une vingtaine de minutes (12).

Lorsque le brownie est cuit, sortez-le du four et laissez-le tiédir avant de le démouler.

Pour la finition

Lorsque le brownie est bien froid, posez-le sur une feuille de papier cuisson.

Étalez la crème de marron (13) à l'aide d'une spatule en métal en une couche bien régulière.

Mélangez ensemble le chocolat noir fondu et l'huile.

Versez le glaçage chocolat sur le brownie (14) : étalez-le avec une spatule pour réaliser une surface bien lisse (15).

Laissez le brownie prendre 10 minutes au réfrigérateur et découpez-le en petits rectangles (16).

8 Le chocolat doit être bien fondu lorsque vous l'incorporez à la pâte.

9 Il ne faut pas cesser de remuer lorsque vous incorporez le chocolat fondu.

10 Finissez la pâte en ajoutant les noisettes concassées.

11 Beurrez et farinez un moule rectangulaire que vous remplissez de pâte. Enfournez 20 min à 180 °C.

12 Le brownie doit avoir une belle couleur chocolat à la sortie du four.

13 Lorsque le gâteau est froid, couvrez-le de crème de marron.

→ Mélangez ensemble le chocolat et l'huile de tournesol, puis versez-les sur le brownie.

15 En vous aidant d'une spatule en métal, lissez la surface du gâteau. Laissez prendre 10 min.

16 Découpez enfin le brownie en petites bandes.

Brioche chocolat, pomme et cannelle

Préparez vos ingrédients (1).

Emiettez la levure dans un récipient.

Versez-y le lait et mélangez avec un fouet pour dissoudre la levure (2).

Ajoutez ensuite la farine, le cacao, le sucre semoule, le sel et les œufs à la levure dissoute (3).

Mélangez à l'aide d'une spatule en bois (4), jusqu'à obtention d'une pâte assez consistante et homogène (5).

Ajoutez alors le beurre mou et mélangez encore avec la cuillère en bois (6).

Lorsque le beurre est incorporé, travaillez à la main en imitant la forme d'un crochet avec vos doigts de manière à donner du « corps » — c'est-à-dire de l'élasticité — à votre pâte (7). Cette opération prend 5 à 10 minutes. Lorsque la pâte est bien homogène, débarrassez-la dans un grand récipient et saupoudrez-la de farine (8).

Placez votre récipient au réfrigérateur et laissez votre pâte reposer pendant 2 heures. Elle doit doubler de volume (9)...

Ingrédients

Temps de préparation : 40 minutes

Temps de repos de la pâte : 2 heures

Temps de pousse de la pâte : 40 minutes

Temps de cuisson : 25 minutes

20 g de levure fraîche

2 cuillères à soupe de lait

300 g de farine

30 g de cacao en poudre non sucré

50 g de sucre semoule

2 pincées de sel fin

3 œufs

200 g de beurre à température ambiante

Pour la garniture et la finition

4 pommes golden

3 cuillères à soupe de cassonade

1 cuillère à café de cannelle en poudre

80 g de beurre

3 cuillères à soupe de sucre glace

1   Préparez vos ingrédients.

2   Faites dissoudre la levure dans le lait.

3   Ajoutez la farine, le cacao en poudre, le sel, le sucre et les œufs à la levure dissoute.

4   Mélangez le tout à l'aide d'une cuillère en bois.

5   La pâte doit être ferme, élastique et bien homogène.

6   Ensuite, ajoutez le beurre ramolli et continuez à mélanger.

7   Finissez de pétrir la pâte à la main, de manière à lui donner de l'élasticité.

8   Lorsque la pâte est prête, saupoudrez-la de farine et laissez-la reposer pendant 2 heures au réfrigérateur.

9   La pâte doit avoir doublé de volume.

(...)

Brioche chocolat, pomme et cannelle

Sur votre plan de travail fariné, débarrassez la brioche. Aplatissez-la à la main, pour évacuer le gaz carbonique produit lors de la fermentation (10).
Ensuite, étalez-la avec un rouleau à pâtisserie (11).
Contrôlez l'épaisseur de la pâte avec vos mains (12).
Enroulez la pâte autour de votre rouleau, puis déroulez-la sur une plaque couverte de papier sulfurisé.
Étalez de nouveau la pâte pour être certain qu'elle est aux dimensions de la plaque.
Formez des « trous » en écrasant la pâte avec vos doigts (13) ; cette opération a pour but de favoriser le moelleux du gâteau après cuisson.
Laissez la pâte pousser durant 40 minutes recouverte d'un torchon.

Préchauffez votre four à 210 °C.
Réalisez des allumettes de pommes non-épluchées que vous répartirez sur la surface de la brioche poussée (14).
Mélangez ensemble la cassonade et la cannelle. Réservez.
Découpez le beurre en petits morceaux et répartissez-le de manière aléatoire sur les pommes, puis saupoudrez le tout de sucre épicé (15).
Enfournez ensuite pendant 25 minutes.
N'hésitez pas à ajouter quelques morceaux de beurre à mi-cuisson ainsi que du sucre-cannelle.
Lorsque la brioche est cuite, sortez-la du four et saupoudrez-la abondamment de sucre glace (16).
Découpez-la ensuite en petits carrés et dégustez (17).

Astuce : rien ne vous empêche de réaliser cette pâte à l'aide d'un batteur muni d'un crochet, vous gagnerez du temps et de l'énergie.

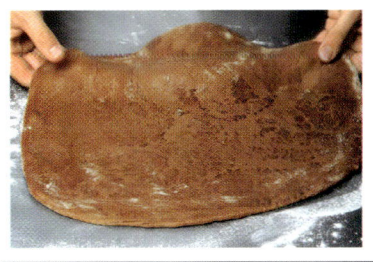

) Ecrasez la pâte à la main sur votre plan de travail fariné.

11 Etalez la pâte à l'aide d'un rouleau à pâtisserie.

12 Contrôlez-en l'épaisseur en faisant glisser vos doigts dessus et dessous.

3 Après avoir étalé la pâte sur votre plaque couverte de papier sulfurisé, réalisez des petits trous avec vos doigts. Laissez la pâte pousser durant 40 min.

14 Coupez les pommes en allumettes que vous répartissez sur la brioche poussée.

15 Eparpillez des morceaux de beurre sur les pommes et saupoudrez le tout de sucre-cannelle. Enfournez durant 25 min à 210° C.

) A la sortie du four, saupoudrez les pommes de sucre glace.

17 Découpez la brioche en petits carrés.

Leçon n°25 | # Fondant chocolat gingembre

Préparez vos ingrédients.

Hachez le chocolat, placez-le avec le beurre dans un bain-marie (1) et laissez fondre intégralement.

Cassez les œufs dans un récipient puis ajoutez le sucre semoule (2).

Fouettez le tout vivement jusqu'à ce que vous obteniez une mousse légère (3).

Versez le chocolat et le beurre fondus sur les œufs montés tout en mélangeant avec un fouet (4).

Lorsque la masse est homogène, tamisez dessus la farine (5) et fouettez doucement (6).

L'appareil à biscuit doit être assez liquide (7).

Beurrez des tasses que vous remplissez à moitié de pâte (8).

Déposez un morceau de gingembre confit dans chaque tasse (9).

Finissez de remplir jusqu'à 5 millimètres du bord (10).

Mettez les fondants pendant 1 heure au congélateur : l'appareil va durcir.

Préchauffez votre four à 200 °C.

Lorsque les tasses sont bien froides, enfournez-les durant 10 minutes.

Astuce : vous pouvez très bien réaliser ces fondants la veille et les conserver au congélateur. Il suffit alors de les cuire au dernier moment.

Ingrédients

Pour 8 petites tasses

Temps de préparation : 20 minutes

Temps de congélation : 1 heure

Temps de cuisson : 10 minutes

100 g de chocolat noir entre 60 et 70 % de cacao

90 g de beurre

3 œufs

80 g de sucre semoule

40 g de farine

50 g de gingembre confit

+ 20 g de beurre pour les moules

1 Faites fondre le chocolat haché avec le beurre au bain-marie.

2 Versez les œufs et le sucre dans un récipient.

3 Fouettez-les jusqu'à obtention d'une texture légère.

4 Mélangez le chocolat fondu avec les œufs montés.

5 Tamisez la farine directement sur cette préparation.

6 Incorporez la farine à l'aide d'un fouet.

7 Voici la texture souhaitée.

8 Remplissez les moules beurrés à moitié de pâte.

9 Placez un morceau de gingembre confit au centre de chaque tasse.

10 Finissez de garnir les tasses avec la pâte. Placez-les au congélateur pendant au moins 1 heure.

Gratins chocolat pomme comté

Préparez vos ingrédients.
Découpez la pomme et le comté en petits dés. Réservez.
Hachez grossièrement les cerneaux de noix. Réservez.
Répartissez 12 petits moules sur votre plaque de cuisson et garnissez-les de pomme, de comté et de noix hachées (1).

Préchauffez votre four en mode gril à 210 °C.
Préparez maintenant l'appareil à gratin.
Hachez le chocolat et mettez-le dans un récipient.
Portez la crème à ébullition dans une petite casserole.
Versez la crème chaude sur le chocolat et laissez fondre naturellement (2).
Mélangez ensuite à l'aide d'un fouet (3). Réservez.
Dans un récipient, mettez l'œuf entier, le jaune et le sucre semoule (4).

A l'aide d'un fouet électrique (ou à main), montez les œufs (5) jusqu'à obtention d'une mousse blanche (6).
Mélangez ensemble les œufs montés et la ganache à l'aide d'une spatule en caoutchouc (7).
Avec une cuillère, versez la préparation obtenue dans les moules (8).

Saupoudrez les gratins avec du sucre glace que vous aurez mis dans une passoire fine (9) et enfournez pendant 3 minutes.
Les gratins doivent avoir pris une belle couleur (10).

Ingrédients

Pour 12 ramequins

Temps de préparation : 20 minutes

Temps de cuisson : 3 minutes

1 pomme verte
50 g de cerneaux de noix
80 g de comté

Pour l'appareil à gratin
35 g de chocolat noir entre 60 et 70 %
de cacao
3 cuillères à soupe de crème liquide
1 œuf
1 jaune d'œuf
1 cuillère à soupe de sucre semoule

+ du sucre glace pour la finition

1 Garnissez vos moules de dés de pommes vertes et de comté, et parsemez quelques brisures de noix.

2 Versez la crème chaude sur le chocolat haché.

3 Réalisez une ganache en mélangeant à l'aide d'un fouet.

4 Cassez l'œuf et le jaune dans un récipient puis ajoutez le sucre semoule.

5 Fouettez ce mélange à l'aide d'un fouet électrique.

6 Vous devez obtenir une mousse légère.

7 Mélangez ensemble la ganache et les œufs battus à l'aide d'une spatule en caoutchouc.

Répartissez l'appareil à gratin dans les ramequins à l'aide d'une cuillère à soupe.

9 Saupoudrez de sucre glace puis enfournez durant 3 min.

10 Voici l'aspect souhaité après cuisson.

Leçon n°27 Tartine camembert bananes chocolat

Préparez vos ingrédients (1).

Préchauffez votre four à 180 °C.

Découpez la baguette en tranches régulières que vous posez sur la plaque de cuisson.

Découpez des petits morceaux de beurre et posez-en deux sur chaque toast (2).

Épluchez la banane, citronnez-la, coupez-la en deux sur la longueur, et taillez des rondelles en tranches d'1 cm. Disposez-les sur les tranches de pain (3).

Découpez ensuite le camembert en morceaux que vous répartissez sur les tartines (4).

Finissez le montage avec des cubes d'abricots secs (5).

Enfournez pendant 6 minutes.

Les tartines sont cuites lorsque le camembert a fondu (6).

En vous aidant d'une cuillère, réalisez des traits de chocolat sur chaque tartine encore chaude (7).

Parsemez ensuite la fleur de sel sur les toasts (8).

Voici le produit fini (9).

Ingrédients

Pour 20 tartines

Temps de préparation : 20 minutes

Temps de cuisson : 6 minutes

1 baguette aux céréales

100 g de beurre

1 banane

1/2 camembert

5 abricots secs

50 g de chocolat noir entre 60 et 70 % de cacao

un peu de fleur de sel

+ 1 citron pour la banane

Préparez vos ingrédients.

2 Après avoir découpé la baguette, disposez des petits morceaux de beurre sur chaque tartine.

3 Disposez des demi-rondelles de bananes citronnées.

Découpez le camembert en petits morceaux et répartissez-le sur les toasts.

5 Finissez de garnir avec des cubes d'abricots secs.

6 Les toasts sont cuits lorsque le camembert est bien fondu.

En vous aidant d'une petite cuillère, réalisez des traits de chocolat noir sur chaque tartine.

8 Saupoudrez quelques grains de fleur de sel sur chaque tartine.

9 Voici le résultat.

Tartelines feuilletées poires roquefort et chocolat

Préparez vos ingrédients (1).

Préchauffez votre four à 180 °C.

Étalez la pâte sur votre plan de travail fariné, et découpez-y des disques de 7 cm de diamètre, avec un emporte-pièce ou tout simplement un verre (2).

Disposez les cercles de feuilletage sur la plaque de cuisson, et piquez-les à l'aide d'une fourchette (3).

Posez des morceaux de roquefort au centre de chaque tartelette (4).

Épluchez les poires, coupez-les en deux, videz-les et arrosez-les de jus de citron. Coupez-les en six et émincez-les.

Répartissez les poires joliment sur chaque fond de tarte (5).

Après avoir garni les tartelettes, posez un petit morceau de beurre sur chacune d'elles (6), et parsemez la vergeoise (7).

Enfournez et laissez cuire une vingtaine de minutes.

Après la cuisson, déposez quelques zestes de citron confit sur chaque tartelette (8).

Réalisez un cornet en papier, remplissez-le de chocolat fondu et réalisez une spirale de chocolat sur chaque tartelette (9).

Dégustez encore tiède.

Ingrédients

Temps de préparation : 20 minutes

Temps de cuisson : 20 minutes

1 rouleau de feuilletage

100 g de roquefort

2 poires bien mûres

1 citron

50 g de beurre

30 g de vergeoise brune

des zestes de citron confit

50 g de chocolat noir entre 60 et 70 % de cacao

Préparez vos ingrédients.

2   Découpez des disques de feuilletage à l'aide d'un emporte-pièce.

3   Placez les cercles de pâte sur une plaque de cuisson, puis piquez-les avec les dents d'une fourchette.

Déposez du roquefort au centre de chaque tarte.

5   Avec les poires épluchées et tranchées en 6 parts, garnissez les tartelettes joliment.

6   Placez un morceau de beurre sur chaque tarte.

Saupoudrez ensuite de vergeoise brune et enfournez pendant 20 min à 180° C.

8   Après la cuisson, disposez quelques morceaux de citron confit.

9   Dessinez avec le cornet une spirale de chocolat fondu sur les tartelettes.

Tous mes remerciements sucrés, frais et sincères...

À Hervé de La Martinière, il est là !

Et surtout à Stéphanie Vukovic qui s'investit comme un vrai chef.
Merci pour son écoute pro sans faille. Action !

À Laure Aline pour sa subtilité et sa diplomatie...
son travail précis et minutieux. J'ai toujours de la chance.

À Brian Joyeux qui est en phase d'apprentissage de la qualité simple,
de la créativité directe. À ses parents Ineke et Jean-Marie.

À Carmen qui s'est investie dans un gros travail, avec fierté. Merci à elle, vraiment.
À Bettina (schtollen) pour son sérieux germanique.
À Stéphanie Champalle pour son dévouement stylé.
À Benjamin pour sa patience et son talent.

À Carole Revol pour ses conseils avisés.
À Martine Soliman qui aime mes livres.
À Cécile de Booknco et Sylvie Kempler.
À Jeff.
Et bien sûr, à la Felder family.

Achevé d'imprimer en novembre 2005
Sur les presses de l'imprimerie
Dépôt légal : décembre 2005
Imprimé en Italie